AF244591

MÉMOIRE AMPLIATIF

POUR

1° M. FOURAY, gérant du journal *l'Opinion nationale*;

2° M. PEYRAT, gérant du journal *l'Avenir national*;

3° M. J.-J. WEISS, gérant du *Journal de Paris*.

Comptes rendus des Séances du Corps législatif

PARIS

IMPRIMERIE P. BOURDIER, CAPIOMONT FILS ET Cie

6, RUE DES POITEVINS, 6.

1868

MÉMOIRE AMPLIATIF

POUR

1° M. FOURAY, gérant du journal *l'Opinion nationale;*

2° M. PEYRAT, gérant du journal *l'Avenir national;*

3° M. J.-J. WEISS, gérant du *Journal de Paris.*

I. Au moment où s'engageait, devant le Corps législatif, la discussion de la loi sur la réorganisation de l'armée, onze journaux appartenant à toutes les fractions de l'opinion ont été traduits devant le tribunal correctionnel de la Seine, sous la prévention d'avoir, dans des articles consacrés à l'appréciation des débats législatifs, contrevenu aux dispositions qui règlent la publicité de ces débats.

Condamnés en première instance et en appel à une amende de 1,000 fr. en raison de la contravention qui leur était imputée, les gérants de l'*Avenir national,* du *Journal de Paris* et de l'*Opinion nationale* se sont pourvus en cassation contre les arrêts de la Cour impériale de Paris qui les ont condamnés.

Il viennent aujourd'hui justifier leur pourvoi.

DISCUSSION.

Moyen unique tiré de la fausse application de l'art. 14 du décret du 17 février 1852, de l'art. 42 de la Constitution et du sénatus-consulte du 2 février 1861.

II. L'art. 14 du décret du 17 février 1852 punit d'une amende de 1,000 à 5,000 fr. toute contravention à l'art 42 de la Constitution sur la publicité des comptes rendus officiels des séances du Corps législatif.

L'art. 42 de la Constitution auquel l'article précité attache une sanction pénale, était primitivement ainsi conçu :

« Le compte rendu des séances du Corps législatif, par les « journaux ou tout autre moyen de publication, ne consiste « que dans la reproduction du procès - verbal dressé, à l'issue « de chaque séance, par les soins du président du Corps législatif. »

Depuis cette époque les dispositions de l'art. 42 ont subi d'importantes modifications. Au procès-verbal des séances dont il était question dans la rédaction primitive, l'art. 13 du sénatus-consulte du 25 décembre 1852 a substitué « un compte rendu rédigé sous la « surveillance d'une commission composée du président du Corps « législatif et du président de chaque bureau. » A la suite du décret

du 24 novembre 1860, destiné à donner aux Chambres « une parti-
« cipation plus directe à la politique générale », et par suite à assurer
aux débats de ces assemblées une publicité plus complète, un sénatus-consulte du 2 février 1861 a modifié ainsi qu'il suit l'art. 42
de la Constitution :

« Les débats du Sénat et du Corps législatif seront reproduits
par la sténographie et insérés *in extenso* dans le journal officiel
du lendemain.

« En outre, les comptes rendus de ces séances, rédigés par des
secrétaires-rédacteurs placés sous l'autorité du président de chaque
assemblée, sont mis chaque soir à la disposition de tous les
journaux.

« Le compte rendu des séances du Sénat et du Corps législatif
par les journaux ou *tout autre moyen de publication*, ne consiste que
dans la reproduction des débats insérés *in extenso* dans le journal
officiel, ou du compte rendu rédigé sous l'autorité du président,
conformément aux paragraphes précédents.

« Néanmoins, lorsque plusieurs projets ou pétitions auront été
discutés dans une séance, il sera permis de ne reproduire que les
débats relatifs à un seul de ces projets, ou à une seule de ces pétitions. Dans ce cas, si la discussion se prolonge pendant plusieurs
séances, la publication devra être continuée jusqu'au vote et y compris
le vote.

« Le Sénat, sur la demande de cinq membres, pourra décider
qu'il se forme en comité secret.

« L'art. 13 du sénatus-consulte du 25 décembre 1852 est
abrogé en ce qu'il a de contraire au présent sénatus-consulte. »

Ce serait à *cet ensemble de prescriptions* qu'auraient, suivant les
arrêts attaqués, contrevenu les journaux condamnés. Ce serait à

raison de cette contravention qu'ils auraient encouru les peines édictées par l'art. 14 du décret du 17 février 1852.

III. Avant de déterminer les caractères et les éléments constitutifs de la contravention dont il s'agit, il est nécessaire de rechercher si la sanction pénale attachée par le législateur de 1852 au texte primitif de l'art. 42 de la Constitution a pu être tacitement étendu aux dispositions qui ont ultérieurement modifié la rédaction de cet article.

Le législateur peut sans doute, comme il l'a fait dans l'art. 471 § 15 du Code pénal, attacher par avance une sanction pénale aux règlements qui seront faits par certaines autorités dans les limites de leur pouvoir. Mais lorsqu'il attache une sanction pénale à une prohibition spéciale et déterminée, cette sanction s'incorpore pour ainsi dire à la disposition sanctionnée. Si cette disposition est abrogée, la sanction disparaît avec elle ; si elle est modifiée la sanction ne suit pas la disposition qui la remplace.

Le législateur qui a puni une certaine infraction prévue par un article déterminé, n'attache pas par cela seul la même peine à toutes les infractions plus ou moins analogues, qui pourront ultérieurement figurer sous la même rubrique et être insérées dans le même article de loi.

Or, l'art. 14 du décret du 17 février 1852 a prévu et puni une contravention unique : la contravention à l'art. 42 de la Constitution, c'est-à-dire la publication de tout autre compte rendu que le *procès verbal* des séances du CORPS LÉGISLATIF, dressé à l'issue de chaque séance. Neuf ans plus tard, le sénatus-consulte du 2 février 1861, modifiant l'art 42 de la Constitution, a interdit la publication de tout autre compte rendu des séances du Corps législatif ou du Sénat, que la reproduction des débats insérés *in extenso* dans le journal officiel ou du *compte rendu rédigé sous l'autorité du président.* Différente dans sa rédaction et dans sa portée, de la prohibition contenue dans l'art. 42 primitif, la prohibition du sénatus-consulte de 1861 ne saurait trouver sa sanction que dans une nouvelle disposition pénale; celle de l'art. 14 du décret du 18 février 1852 lui est évidemment inapplicable.

IV. Si l'on admet cependant, avec les arrêts attaqués, que la contravention prévue par le sénatus-consulte du 2 février 1861 soit punie par l'art. 14 du décret du 14 février 1852, quel est le sens, quelle est la portée véritable de cette contravention ?

Suivant les arrêts attaqués, « le sénatus-consulte a eu pour but « de prohiber les comptes rendus qui tendraient à se substituer aux « comptes rendus officiels et qui, sans infidélité, sans mauvaise « foi et sans outrage, ne présenteraient cependant qu'une repro- « duction incomplète, défigurée, subordonnée aux opinions du « journaliste, des débats des assemblées législatives. »

Ces arrêts reconnaissent aux tribunaux le droit de « déterminer, « en vue de chaque fait, si l'article incriminé n'a reproduit les débats « des Chambres que pour les nécessités de la discussion, ou si, au « contraire, l'article présente une narration des faits assez étendue « pour être l'équivalent du compte rendu prohibé par la loi. »

Ils abandonnent ainsi aux tribunaux le soin de déterminer dans chaque espèce, en dehors de toute définition légale, la limite qui sépare la discussion permise du compte rendu interdit.

V. En principe, en effet, nul ne conteste et le gouvernement a plus d'une fois reconnu à la presse le droit de discuter et d'apprécier les débats législatifs. Mais toute discussion suppose nécessairement la relation des débats et la narration des faits. Pour apprécier une opinion, il faut l'avoir exposée ; pour discuter un discours, il faut l'avoir résumé. Si cette relation, cette narration, ce résumé des débats, qui se trouvent nécessairement dans tout article de discussion, peuvent constituer un compte rendu interdit par l'art. 52 de la constitution, c'est la discussion même que cet article a implicitement interdite, ou pour mieux dire, comme nul ne saurait à l'avance distinguer ce qui sera toléré de ce qui sera réprimé, c'est le régime de l'arbitraire qu'il a consacré.

VI. L'étude des documents dans lesquels, en l'absence de discussions préparatoires, on peut chercher à découvrir la pensée du législateur de 1856, ne permet pas d'accepter une telle interprétation.

« Le compte rendu des séances qui doit instruire la nation, dit le « préambule de la Constitution, n'est plus livré comme autrefois à « l'esprit de parti de chaque journal. La publication officielle « rédigée par les soins du président de la Chambre en est seule « permise. »

La circulaire adressée par M. le garde des sceaux le 13 mars 1855 aux procureurs généraux sert de commentaire à cette innovation législative, et s'attache à expliquer comment l'interdiction des comptes rendus autres que les procès-verbaux officiels se concilie avec le droit de discuter et d'apprécier les débats des Chambres.

« De la combinaison de ces deux articles (42 de la Constitution et 14 du décret du 17 février 1852), dit cette circulaire, il résulte que le procès-verbal officiel des séances ne pourrait être changé, altéré ou mutilé.... Aucune difficulté ne peut s'élever sur le sens et la portée de la Constitution et de la loi qui défendent cette infraction matérielle; mais on peut se demander si, en dehors de ce procès-verbal, il sera permis, suivant un procédé déjà employé, d'insérer dans une autre partie du journal, soit la RELATION, soit l'APPRÉCIATION plus ou moins hostile, plus ou moins sérieuse de l'ensemble des séances ou même de quelque accident particulier.

« Il faut que la pensée des articles 42 de la Constitution et du décret du 17 février vous soit nettement révélée, afin d'éviter les erreurs de déjouer les calculs et de prévenir les surprises. *La discussion loyale* des actes du pouvoir, *l'examen consciencieux des matières soumises à l'élaboration publique du Corps législatif* seront toujours acceptés par le Gouvernement, qui doit vouloir et qui veut en effet être éclairé.

« Mais ni les passions politiques, ni la haine ou l'affection envers les personnes qui participent à l'action du pouvoir et à la confection des lois ne peuvent se produire sous un prétexte plus ou moins spécieux.

« Si le compte rendu était *remplacé* ou commenté par des discussions, des appréciations *qui enlèveraient en tout ou en partie à une séance du Corps législatif* SA VÉRITABLE PHYSIONOMIE, si la force des raisons données était EXAGÉRÉE OU AMOINDRIE, si l'impression produite était DÉNATURÉE, si on attribuait aux délégués du pouvoir ou à quelque membre de l'Assemblée un langage, une attitude, des intentions TÉMÉRAIREMENT SUPPOSÉES OU INTERPRÉTÉES, et à plus forte raison si le MENSONGE OU L'INJURE, instruments de mauvaises passions qui nuisent à la presse elle-même lorsqu'elle s'en sert, exploitaient le terrain des séances, *alors les sévérités de la justice seraient encourues.*

« En un mot, monsieur le procureur général, on ne peut faire indirectement ce que l'article 42 de la Constitution empêche de faire directement. *On ne peut* SE METTRE EN CONTRADICTION *avec le procès-verbal officiel.* •

« La liberté de discussion et d'appréciation a pour limites l'EXACTITUDE ET LA LOYAUTÉ A L'ÉGARD DES PERSONNES ET DES CHOSES. S'il pouvait en être autrement, l'article 42 de la Constitution deviendrait une disposition illusoire. »

Le sens véritable de l'art. 42 de la Constitution peut se dégager de ces documents. Le législateur n'a pas voulu, suivant les expressions du préambule de la Constitution, que « le compte rendu des séances, qui doit instruire la nation, fût livré comme autrefois à l'esprit de parti de chaque journal. » Il a voulu assurer la reproduction intégrale du compte rendu officiel qui devait être, comme l'a dit plus tard M. le premier président Troplong, « le miroir fidèle de la politique délibérante. » Il n'a pas permis qu'à ce procès-verbal officiel le journaliste pût substituer un autre compte rendu, c'est-à-dire une analyse des débats officiels, sous une forme impersonnelle et authentique; mais il a en même temps formellement reconnu le droit qui appartient au journaliste d'insérer dans une autre partie la RELATION et *l'appréciation* soit de l'ensemble d'une séance, soit d'un incident particulier, sans assigner à l'exercice de ce droit d'autres limites que l'exactitude et la loyauté.

En dehors du compte rendu proprement dit, le journaliste peut donc apprécier, et pour apprécier il doit raconter, décrire, résumer les débats législatifs, pourvu que cette relation des débats ne soit pas en contradiction avec le procès-verbal officiel.

La limite qui sépare le compte rendu de l'appréciation semblait ainsi définitivement tracée. Toutefois, la presse soumise au régime arbitraire et dictatorial qu'avait inauguré pour elle le décret du 17 février 1852 s'aperçut bientôt que l'administration n'entendait pas se renfermer dans les limites tracées par la circulaire qui vient d'être rappelée, et des journaux, ainsi que le constatait M. de La Guéronnière dans son rapport au Sénat, du 25 avril 1863, furent avertis pour avoir apprécié « *dans les termes les plus équitables* » une séance du Corps législatif. Dans cette situation, le silence était le seul parti possible, et, jusqu'au décret du 24 novembre 1860, la presse s'abstint de toute appréciation des débats législatifs.

La question se trouva soulevée lorsque, à la suite de ce décret le Sénat fut appelé à modifier l'article 42 de la Constitution. M. le président Bonjean proposa à cette Assemblée un amendement tendant à faire décider que tout discours reproduit intégralement dans un journal conformément à l'édition du *Moniteur* pourrait être, de la part de ce journal un objet de critique, de discussion et de réflexions.

Cet amendement fut écarté par deux motifs : il parut en contradiction avec l'esprit de la loi, qui repoussait toute reproduction fragmentée ; et d'un autre côté, suivant les termes mêmes des rapports de M. le président Troplong, le Sénat craignit, en donnant une définition qu'il jugeait périlleuse, de créer des difficultés, des malentendus et même des embarras à la presse quotidienne. Ce n'est pas le lieu de rechercher si ces craintes étaient fondées, et s'il était aussi difficile que l'a pensé le Sénat de trouver « une définition « légale assez large et assez exacte pour marquer la limite qui sépare le compte rendu de la discussion. » Mais ce qu'il est essentiel de remarquer, c'est que le rapport de M. le premier président Troplong ne contredit en aucun point l'interprétation donnée à l'article 42 de la Constitution par la circulaire du 17 mars 1852.

Le compte rendu qu'il proscrit c'est « le compte rendu qui ne « sera pas la sténographie ou le compte rendu officiel, » c'est ce compte rendu lui-même incomplétement reproduit : les seules discussions qu'il juge interdites ce sont ces discussions agencées, dont l'esprit de parti « avait jadis introduit l'usage, » où en d'autres termes « ces comptes rendus indirects et dissimulés qui jadis « sous prétexte de faire aprécier la séance, n'étaient qu'une ca- « ricature insultante et la satire des personnes. » La limite qu'il semble impossible de faire tracer par le législateur, c'est la limite qui sépare la « simple controverse du compte rendu frauduleux ou « contenant des attaques interdites, qu'on voudrait cacher sous un « déguisement. » N'est-ce pas sous une autre forme la reproduction du passage de la circulaire de 1852, qui n'assignait au droit de dis- cussion d'autres limites que « l'exactitude et la loyauté à l'égard des « personnes et des choses ? »

Un avertissement donné à *la Presse*, le 10 mars 1862, montre clairement que tel était dans la pensée de l'administration elle- même le véritable sens du sénatus-consulte.

« Considérant, y est-il dit, que si le sénatus-consulte du 2 fé- vrier *n'a pas formellement interdit les comptes rendus résumés des séances,* il n'a nullement permis les comptes rendus infidèles et inju- rieux comme celui que renferme l'article précité. »

C'est ainsi enfin que s'exprimait au Sénat, en 1863, M. de La Guéronnière dans un rapport sur une pétition de M. Darimon tendant, comme l'amendement de M. Bonjean, à faire consacrer législativement le droit de discussion et d'appréciation des débats des Chambres.

« Toutes les fois, disait-il, que le gouvernement invoquera la
« loi pour contenir la discussion dans de sages limites, pour répri-
« mer l'*infidélité* et la *mauvaise foi*, pour faire respecter l'indépen-
« dance et la dignité des assemblées, pour protéger le mandat de
« chacun de leurs membres contre la satire et la diffamation, il
« accomplira son devoir. »

VII. Il faut conclure de tout ce qui précède :

1° Que l'unique objet des prohibitions de la loi, c'est le *compte rendu* sous la forme impersonnelle que le journaliste substitue au compte rendu officiel.

2° Que l'*appréciation* des débats législatifs et la *relation* des débats qu'elle implique nécessairement sont toujours permises, à moins qu'elles n'aient un caractère frauduleux et déloyal, et qu'elles ne dégénèrent en satire ou en caricature.

VIII. Ces principes doivent recevoir leur application, alors même que le journaliste qui discute les débats législatifs n'a pas publié le compte rendu officiel des débats. Le sénat, en repoussant en 1861 l'amendement de M. Bonjean, le Corps législatif, en repoussant en 1868 un amendement identique de M. Darimon, ont formellement reconnu que le droit de discussion ne pouvait être subordonné à la publication, soit préalable, soit simultanée, du compte rendu officiel.

Mais lorsque, comme dans l'espèce actuelle, les journaux qui ont apprécié les séances des Chambres ont en même temps publié le compte rendu de ces séances, les règles d'interprétation qui viennent d'être rappelées doivent plus évidemment encore être suivies. En pareil cas en effet le journaliste a satisfait au vœu de la loi : il a mis sous les yeux de ses lecteurs ce miroir fidèle de la politique délibérante dont parlait M. Troplong. Si dans une autre partie des journaux il relate, en les appréciant, les incidents principaux de la séance ou s'il résume pour les discuter les opinions émises par les orateurs, il ne pourra tomber sous l'application de la loi qu'autant que ses appréciations auront été déloyales ou mensongères.

« Tout ce que vous pouvez demander aux journaux, a dit M. Thiers
« avec autant de force que de raison dans la séance du Corps légis-
« latif du 9 janvier dernier, c'est de mettre sous les yeux du lecteur
« ou le compte rendu *in extenso* ou le compte rendu abrégé, qui
« ont un caractère officiel ; mais c'est tout ce que vous pouvez exi-
« ger d'eux, et cela fait, leur droit d'appréciation commence et rien
« ne saurait le limiter. »

IX. On objecte que, même dans ce cas, l'appréciation des débats peut dégénérer en compte rendu, qu'elle peut constituer ce que M. le ministre d'État nommait un compte rendu *parallèle* au compte rendu officiel, un compte rendu *parasite* qui viendrait s'interposer entre le pays et la reproduction exacte des séances législatives, et qui tendrait à dispenser le lecteur de se reporter au compte rendu authentique. Les arrêts attaqués ont accepté cette théorie : « Le
« récit de l'*Avenir national* peut, suivant la Cour impériale de
« Paris, paraître suffisant au lecteur pour lui faire connaître la
« séance du Corps législatif et le dispenser de recourir au compte

« rendu officiel. Le récit du *Journal de Paris* et le résumé qu'il
« donne des faits qui ont marqué la séance ont POUR BUT de repro-
« duire la physionomie telle qu'elle apparaît au rédacteur, et de
« remplacer pour ses lecteurs le compte rendu officiel. »

Si, comme semble l'indiquer le premier de ces arrêts, la Cour a
fait résulter l'infraction de ce que le lecteur, après avoir lu l'article
consacré à l'appréciation de la séance, a pu se dispenser de recourir au compte rendu publié dans le même numéro du journal, la
doctrine qu'elle consacre ne tend à rien moins qu'à rendre l'écrivain responsable de la paresse ou de l'indifférence du lecteur. Si,
comme le dit expressément le second arrêt, la Cour a entendu s'attacher au *but* que s'est proposé le journaliste, elle a méconnu le
caractère même de l'infraction qu'elle a voulu atteindre. L'infraction à l'article 42 de la Constitution constitue en effet une contravention, c'est-à-dire une infraction aux prescriptions de la loi, dont
il suffit de constater la matérialité sans qu'il y ait lieu de tenir
compte de l'intention de son auteur. Il n'appartenait pas à la Cour
de rechercher quel avait été le BUT du rédacteur du *Journal de
Paris*, mais uniquement quelle était la nature de l'article poursuivi,
s'il renfermait une appréciation des débats ou s'il n'était autre
chose qu'un compte rendu de ces débats.

X. Si l'on écarte les équivoques, les ambiguïtés de langage, pour
arriver au fond même des choses, deux systèmes seulement sont
en présence. L'un, qui consacre la liberté absolue d'appréciation
des débats législatifs, alors surtout que le compte rendu officiel
figure dans les colonnes du journal, et que, par une conséquence nécessaire, on a le droit de résumer ces débats pour les ap-

précier et les discuter. Le second, qui dénie absolument à la presse le droit d'apprécier et de discuter ces débats.

On ne saurait admettre un système intermédiaire entre ces deux interprétations opposées, sans substituer la tolérance au droit et l'arbitraire à la loi. Il resterait sans doute à la presse, pour échapper aux périls qui résulteraient de la jurisprudence adoptée par la Cour impériale de Paris, la faculté de discuter d'une manière générale et abstraite les questions soumises aux débats des Chambres, en s'abstenant de nommer les orateurs, d'observer l'ordre des discussions, de mentionner des incidents qui ont surgi, l'effet produit par les discours prononcés. Mais il n'est personne qui ne comprenne que, restreint dans ces limites, le droit d'apprécier les débats des Chambres aurait en réalité cessé d'exister.

Ce qu'a revendiqué la presse, ce que lui a reconnu en principe le gouvernement lui-même, ce n'est pas le droit de débattre des thèses abstraites, c'est le droit de discuter les actes des assemblées délibérantes. S'il lui est interdit d'analyser et d'exposer ces actes, il lui est par cela même impossible de les juger.

Telle serait la conséquence indirecte, mais logique, de la doctrine des arrêts attaqués : la Cour suprême ne consacrera pas une semblable atteinte aux droits de la presse et à la dignité même des assemblées délibérantes.

XI. Quelle que soit d'ailleurs l'opinion à laquelle on s'arrête sur le sens et la portée de l'article 42 de la Constitution, il suffit de lire les trois articles de l'*Avenir national*, de l'*Opinion nationale* et du *Journal de Paris*, pour se convaincre que ces articles, exclusivement consacrés à l'appréciation des séances du Corps législatif, ne peuvent à aucun titre être assimilés à des comptes rendus.

Ces articles sont sous les yeux de la Cour : elle en appréciera le caractère.

XII. Par ces motifs, les exposants persistent dans les conclusions de leurs pourvois.

H. DUBOY,

F. HÉROLD,

ALBERT GIGOT,

avocats à la Cour de cassation.

ARTICLES CONDAMNÉS

1° *OPINION NATIONALE* du samedi 21 décembre 1867

Séance du Corps législatif.

La discussion du projet de loi sur le recrutement de l'armée et l'organisation de la garde nationale mobile a commencé hier. On a déjà remarqué que le texte, amendé par la commission, d'accord avec le gouvernement et le conseil d'État, ne se sert plus du mot de *réorganisation* de l'armée, mot qui se trouvait dans le projet primitif et qui nous semblait peu respectueux, tendant à faire supposer que notre armée était désorganisée et avait besoin d'une refonte complète. On sait aussi que, tandis que le projet primitif se proposait surtout de faire une œuvre différente de celle de la loi de 1832, le projet amendé semble, au contraire, prendre à tâche de conserver de cette loi, qui nous a donné nos armées d'Afrique, de Crimée et d'Italie, tout ce qu'il est possible d'en conserver dans les circonstances actuelles.

Quant à l'ensemble du projet, nous ne pouvons l'accepter. En effet, ou cette loi est une loi de paix, ou elle est une loi de guerre. Si les auteurs du nouveau projet ont eu en vue l'état de paix, ils ont complétement manqué leur but; car leur projet fait peser sur la nation des charges fiscales, lui impose des obligations morales beaucoup plus graves que toutes celles proposées par les lois précédentes. Si, au contraire, le projet a en vue la guerre, une guerre agressive, une guerre de conquête, nous n'avons même plus à le discuter, repoussant *à priori* la politique qui l'aurait inspiré.

M. Jules Simon a ouvert la discussion par un des meilleurs discours qu'il ait encore prononcés. Ceux qui pensent que la politique doit nécessairement être séparée de la morale, chercheront peut-être querelle à M. Jules Simon pour le tour qu'il a donné à ses objections contre le projet. Nous pensons, au contraire, qu'au début d'une discussion qui touche aux intérêts de la famille autant qu'aux intérêts de la patrie, et qui engage de tant de façons la liberté du citoyen, il était bon, il était utile et salutaire d'insister sur ces considérations que *le Constitutionnel* appelle dédaigneusement des considérations physiologiques, sans doute parce qu'elles intéressent également le développement physique et le développement moral de la nation.

C'est surtout dans une assemblée française qu'il convient, comme l'a fait M. Simon, de rappeler, à propos des questions spéciales, les principes supérieurs, car c'est l'honneur de notre pays de ne jamais oublier les idées générales.

On lira donc avec intérêt les considérations que M. Jules Simon a présentées sur les inconvénients du retard apporté au mariage des militaires, et la démocratie tout entière applaudira aux conclusions de l'orateur. M. Jules Simon a fort bien dit que ce qui rendait surtout le soldat invincible c'était la cause qu'il soutenait. Or, cette cause, la cause qui inspire les enthousiasmes irrésistibles et qui seule pourra enfanter les Austerlitz de l'avenir, c'est la cause de la liberté, la cause de la révolution. C'est ainsi qu'éclate, en dernière analyse, l'impuissance de la force, puisque la force elle-même doit tout ce qu'elle est et tout ce qu'elle vaut à la justice, et que les seules victoires fécondes, les seules dont l'humanité ait gardé le souvenir, sont les victoires du droit.

Le discours de M. Jérôme David a été très-applaudi par la majorité, et il ne manque pas de mérite. Il est, d'ailleurs, deux points sur lesquels nous sommes d'accord avec M. David. Nous ne sommes pas éloignés de reconnaître avec lui qu'on n'improvise pas une armée, et que, le métier de soldat étant un métier comme un autre, il est assez difficile de le pratiquer convenablement, si on ne l'a pas appris. En second lieu, nous voyons avec plaisir que M. Jérôme David croit avec la gauche démocratique que le remplacement doit être interdit d'une manière absolue dans la garde nationale mobile. Cela est de toute évidence : la garde nationale mobile ne devant être employée qu'en cas de guerre défensive, pour la défense des places fortes et du territoire, nul n'a le droit de se soustraire à l'obligation d'en faire partie.

M. Latour-Dumoulin a plaidé contre M. Jérôme David la cause des volontaires. Cette thèse peut, en effet, être défendue, à la condition qu'on reconnaisse la nécessité d'un cadre permanent où les jeunes soldats puissent recevoir immédiatement l'instruction et l'exemple. Il a critiqué le projet de loi comme incomplet et comme apportant un trouble inutile dans l'organisation de 1832, puisqu'on ne voulait pas aller jusqu'au système démocratique.

Les considérations politiques, par lesquelles il a terminé son discours, seront approuvées par tous les gens sensés, et plus d'un gouvernement pourrait faire son profit de la citation de Tacite, relative *aux amis du premier degré* : « Les pires ennemis, ce sont les approbateurs systématiques. »

2° *AVENIR NATIONAL* du samedi 21 décembre 1867

LE PROJET DE LOI MILITAIRE.

La Chambre était hier presqu'au complet et les tribunes étaient combles. On s'attendait évidemment à une intéressante bataille. Le mot est en situation lorsqu'il s'agit d'un débat sur l'organisation militaire. Nous ne croyons pas que l'attente du public ait été entièrement remplie ; elle aurait été déçue, sans l'excellent discours de M. Jules Simon, qui a ouvert la discussion.

Nous n'avons pas à apprécier les opinions développées avec tant de logique et d'élévation par l'honorable député de la Seine. Ce sont les nôtres. Ce sont les opinions que l'*Avenir national* n'a cessé de soutenir depuis que la réorganisation militaire a été mise sur le tapis en France ; ce sont les mêmes objections que, cette semaine encore, nous avons fait valoir contre le projet de loi en discussion. Ces opinions, M. Jules Simon les a soutenues avec le talent qu'on lui connaît, et nous ne saurions trop vivement engager nos lecteurs à lire en entier son discours. Le résumer serait d'ailleurs bien difficile : ce discours est lui-même un résumé. Lorsque, avec la connaissance du sujet et la facilité de parole que possède M. Jules Simon, on est appelé à parler le premier sur une question de cette importance, la tentation est grande de vouloir la traiter largement, longuement. M. Simon a su être court sans omettre rien d'essentiel. Il a surtout fait merveilleusement ressortir à quel point la nouvelle loi aggrave les charges de notre organisation militaire. Ces aggravations, il les fait toucher du doigt dans les quelques paroles que voici, qui sont, pour ainsi dire, la quintessence de son argumentation si serrée :

« ... Au point de vue des appelés, on leur demande neuf ans de service
« au lieu de sept ans. Au point de vue de la garde nationale mobile, il n'y a
« plus, en réalité, de bons numéros ; au point de vue du travail national,
« tout bruit de guerre menace de vider les ateliers; au point de vue des
« finances, on augmente les charges des contribuables, car on ne saurait
« nier que les armées plus nombreuses ne soit une nouvelle et lourde charge
« pour le budget, et en dehors de la loi des finances, voilà M. le ministre de
« la guerre qui nous prévient à l'avance qu'il logera les gardes nationaux
« mobiles chez l'habitant, impôt nouveau ajouté à tous ceux qui nous
« écrasent; au point de vue de la population, je vous l'ai démontré, on
« aggrave les interdictions du mariage, on augmente le nombre des enfants
« naturels. Enfin, messieurs, le projet de loi est une aggravation, dirais-je,
« de la toute-puissance impériale, parce que le pouvoir absolu que l'empereur
« exerce pour faire la paix ou la guerre pèsera sur un plus grand nombre
« de soldats qu'aujourd'hui... »

C'était répondre d'avance, et d'une façon irréfutable, à l'étrange thèse que M. le baron Jérôme David est venu soutenir. L'honorable député de la Gironde s'est appliqué à démontrer que le projet de loi en discussion, loin d'aggraver les charges de l'organisation militaire, les adoucit, les amoindrit! C'est être plus royaliste que le roi. Le gouvernement lui-même et la commission reconnaissent qu'il y a aggravation, puisqu'ils s'efforcent de l'excuser. Le sentiment unanime du pays a prononcé sur ce point.

D'ailleurs, M. J. David n'a guère le courage de tirer les conclusions qu'appellent ses prémisses fantaisistes. S'il est vrai, par exemple, qu'il n'y a que le vieux soldat qui vaille, pourquoi s'arrêter au service militaire de neuf ans et demi, au lieu de « progresser » jusqu'au service de onze ans qui existait naguère en Autriche, mieux encore jusqu'au service à vie qui était la règle dans la Russie de Nicolas I ? Heureusement, et sans que l'on ait même besoin de remonter à l'histoire militaire de la révolution, des faits contemporains sont là pour répondre à cette étrange glorification du vieux soldat. Le service à vie du soldat russe n'a pas empêché l'armée russe d'être vaincue chez elle, en Crimée, par les soldats de la France et de l'Angleterre, qui ne passent que quelques années sous les armes ; le service très-prolongé de l'armée autrichienne ne l'a pas empêchée d'être battue, en 1859, par les soldats français et italiens, et d'être presque anéantie en 1866 par les soldats prussiens, dont le service effectif n'est que de 2 à 3 ans.

M. Jérôme David paraît pécher par le même mépris de la réalité des faits dans son fantastique défilé des centaines de mille et des millions de soldats qu'entretiendraient les puissances étrangères. Nous croyions, par exemple, que les 1,700,000 soldats dont disposerait la Russie, étaient définitivement relégués dans le roman politique, depuis que l'Europe occidentale a pu se convaincre que la Russie, même pour défendre son propre sol et pendant une campagne de deux ans, a été incapable de mettre seulement un demi-million de soldats sur pied. Et vous croyez réellement qu'avec 1,700,000 soldats, avec la moitié seulement, la Russie, en présence des déchirements de l'Occident, qui lui donneraient si facile jeu en Orient, tarderait tant à réaliser par la force les ambitions que vous lui attribuez? Le fait est que la statistique officielle attribue à la Russie un pied de paix de 672,000 hommes et un pied de guerre de 977,000 hommes, et que ceux qui connaissent tant soit peu la Russie savent parfaitement qu'un bon tiers manquerait à l'appel, soit de l'effectif de paix, soit de l'effectif de guerre.

Tout aussi peu réels sont les 8 à 900,000 soldats attribués à chacune des deux grandes puissances allemandes. Elles ne les ont même pas sur le papier ; en réalité, elles ne disposent peut-être pas de la moitié de ce chiffre. L'Autriche et la Prusse ont fait les efforts les plus extrêmes pour la guerre de 1866 ; eh bien ! des relevés officiels faits d'une manière très-minutieuse et contrôlés rigoureusement, il ressort que ni l'une ni l'autre puissance n'étaient arrivées à la moitié seulement de ce million de soldats que des publicistes et des orateurs fantaisistes mettent si généreusement à leur disposition. L'Autriche n'était parvenue à mettre sur pied que 407,223 combattants ; la Prusse, avec ses alliés plus ou moins forcés, en avait réuni 437,262 (1).

Nous sommes loin, on le voit, du million. C'est justement avec les 5 ou 600 mille combattants imaginaires qui font la différence, que l'on voudrait effrayer la France et la pousser à se transformer en camp, à embrigader toute sa population valide !

C'est l'une des raisons que M. Latour Du Moulin fait valoir contre le projet de loi, et qui le détermine à le repousser. Il démontre encore, par l'histoire et l'exemple des autres armées, que le service effectif de cinq ans n'est point nécessaire, et en France moins qu'ailleurs, pour faire de bons soldats. La suite de la discussion nous fournira l'occasion de revenir sur ce point capital.

La vérité est dans la conclusion si judicieuse qui terminait le discours de M. Jules Simon : « Pour avoir en France une armée excellente, invincible, il faut lui donner une bonne cause à défendre, celle de la justice et de la liberté. » Dans ces conditions-là, non-seulement le développement projeté de notre appareil militaire est de trop ; l'on peut et l'on doit réduire considérablement les charges si lourdes que la loi de 1832 impose à nos populations. C'est là évidemment la thèse que l'opposition démocratique soutiendra dans le débat qui vient de commencer.

(1) Voici la composition de ces armées :

ARMÉE AUTRICHIENNE.	hommes.	ARMÉE PRUSSIENNE.	hommes.
Infanterie.	273,203	États-majors.	3,721
Chasseurs.	43,989	Infanterie.	320,017
Cavalerie.	28,010	Chasseurs.	12,019
Artillerie.	22,758	Cavalerie.	44,003
Service sanitaire.	2,430	Artillerie.	38,545
Génie.	11,792	Pionniers.	8,038
Équipages, etc.	25,041	Équipages.	10,919
Total.	407,223	Total.	437,262

3° *JOURNAL DE PARIS* du lundi 23 décembre 1867

La discussion de la loi sur l'armée a pris hier une tournure tout à fait inattendue. Le rapporteur, l'honorable M. Gressier, est venu prononcer le discours le plus grave peut-être qu'on ait entendu depuis l'ouverture de cette importante discussion. Nous n'avons pas la prétention de résumer et d'apprécier en quelques lignes ce discours, qui a occupé l'attention de la Chambre pendant près de deux heures, et dans lequel M. Gressier, nous n'hésitons pas à le dire, a fait preuve d'une véritable supériorité dans l'art de présenter les arguments et de grouper les chiffres. Cependant toute l'habileté déployée dans cette occasion par l'honorable rapporteur ne lui a pas fait éviter la contradiction singulière dans laquelle tombent la plupart des défenseurs du projet de loi. Tous ou presque tous commencent par nous dire que la situation actuelle de l'Europe et le développement qu'ont pris depuis quelques années les armements des puissances étrangères nous obligent à augmenter, nous aussi, le chiffre de notre armée. Puis ils finissent par nous affirmer que le nouveau projet de loi va réduire les charges militaires imposées au pays. Comment concilier ces deux assertions? Comment croire qu'on va tout à la fois diminuer le poids de la conscription et augmenter l'effectif de nos forces militaires? N'est-ce pas un problème aussi insoluble que celui qu'on se propose lorsqu'on veut avoir à la fois le blé cher et le pain à bon marché, lorsqu'on veut à la fois augmenter le salaire des maçons et diminuer le prix des loyers?

Mais passons sur tout cela pour arriver à la partie la plus grave du discours de M. Gressier, à celle qui a ému la Chambre, qui a provoqué plusieurs interruptions sur les bancs de la gauche, du centre gauche et même de la majorité; qui, enfin, a décidé M. Rouher à se lever du banc des ministres et à rompre le silence qu'il avait gardé depuis le commencement de la discussion. Déjà, jeudi dernier, M. Jérôme David avait prononcé un mot significatif, que nous nous sommes hâtés de signaler à nos lecteurs. Il avait déclaré que le projet de loi, fût-il encore plus rigoureux qu'il ne l'est, on devait le voter sans hésiter, *à cause de la situation dans laquelle nous nous trouvons en présence des puissances étrangères.* M. Gressier a été encore plus net. Il a déchiré courageusement le voile dont M. Jérôme David s'était contenté de soulever un coin. Quelques-uns des orateurs de l'opposition avaient parlé des expéditions lointaines entreprises par le gouvernement actuel et s'étaient demandé s'il était bien utile, bien nécessaire de mettre entre les mains du gouvernement des forces considérables pour qu'il pût recommencer de semblables entreprises.

« Les expéditions lointaines, s'est écrié M. Gressier, *la fantaisie* peut quelquefois se les permettre; *mais les grandes guerres européennes s'imposent.* On ne les cherche pas, on les évite rarement. Deux fois par siècle on voit apparaître ces grands événements. Quand l'équilibre a été rompu, il faut le reformer. Or, il ne se reformera ni par l'accord des peuples, ni même par l'effort des conférences. *Il se reformera par les résultats d'une guerre.* » (Bruyante interruption.)

On comprend sans peine l'émotion produite dans le Corps législatif par ces paroles qui, dans la bouche du rapporteur de la commission, semblaient presque avoir le caractère d'une déclaration officielle. En vain M. Rouher s'est-il levé, à la fin de la séance, pour affirmer que le nouveau projet de loi, dans la pensée du gouvernement, n'était en aucune façon motivé par la pensée d'une guerre prochaine. En vain M. le marquis d'Havrincourt a-t-il déclaré, de son côté, que la commission n'avait pas chargé son rapporteur de venir faire à la tribune une déclaration aussi grave. L'effet était produit. Le coup était porté. On pourra nier le caractère belliqueux du projet de loi, mais une notable partie de la Chambre et la majorité du pays continueront à y croire.

Ce grave incident, selon nous, suffit pour montrer combien le gouvernement a fait fausse route en essayant, depuis quinze mois, de présenter, comme répondant à des intérêts permanents, un projet qui ne pouvait être inspiré que par une situation politique essentiellement passagère. Il n'a fait illusion à personne, ni au pays ni aux puissances étrangères, et en même temps il s'est privé volontairement des avantages qu'il aurait pu trouver dans un loyal appel au patriotisme de la Chambre et de la population. Les défenseurs du projet de loi viennent nous dire : « Si nous vous supplions d'augmenter d'une manière permanente les charges militaires du pays, c'est pour ne pas être obligés de demander, en cas de guerre, des contingents de 140,000 hommes, comme nous avons été obligés de le faire en 1854 et en 1859. »

Eh bien ! nous n'hésitons pas à le dire : il vaudrait mieux demander au pays, dans une circonstance extraordinaire, un effort exceptionnel ; cela vaudrait mieux, vingt fois mieux, que de lui imposer, d'une manière permanente, des charges écrasantes. Cela vaudrait mieux d'abord parce que le pays pourrait apprécier, en connaissance de cause, l'utilité, la nécessité même, si vous le voulez, des sacrifices exceptionnels qui lui seraient demandés. Cela vaudrait mieux pour une autre raison encore : c'est que des efforts extraordinaires, comme ceux qui ont été faits en 1854 et en 1859, donnent tout de suite le résultat qu'on veut atteindre, tandis que le système proposé par le gouvernement ne portera pas avant cinq ou six ans les fruits qu'on lui demande. Ainsi, on aura agité le pays, on aura mis en défiance les puissances étrangères, et l'on n'aura, ni au printemps prochain, ni même au printemps de 1869, une armée suffisante pour soutenir une guerre européenne. Et, par conséquent, si une pareille guerre nous surprenait, il n'en faudrait pas moins, comme en 1854, comme en 1859, demander des contingents de 140,000 hommes. De telle sorte qu'on aura augmenté les charges permanentes du pays et qu'on n'en sera pas moins obligé de lui demander, dans une circonstance extraordinaire, des sacrifices exceptionnels. Si c'est à un tel résultat que nous dévons arriver, à quoi bon tous ces projets vingt fois défaits et refaits? A quoi bon ces inquiétudes semées en France et en Europe? A quoi bon toute cette stérile et dangereuse agitation?

Toutes ces considérations et beaucoup d'autres que nous sommes obligés de laisser de côté, ont été présentées avec beaucoup de force par M. Ernest Picard et par M. Magnin dans deux excellents discours, qu'on fera bien de lire en entier. Ces deux discours, entre autres mérites, ont celui de se compléter mutuellement, M. Ernest Picard ayant surtout traité le côté politique de la question soumise à la Chambre, tandis que M. Magnin a discuté le projet de loi en lui-même. Après le discours de M. Picard et les explications de M. Rouher, dont nous avons eu l'occasion de parler tout à l'heure, la clôture de la discussion générale a été prononcée. Lundi commencera la discussion des articles. Le gouvernement donnerait une preuve de sagesse, si, d'ici là, il retirait un projet de loi qui, à côté de ses nombreux défauts, n'offre même pas l'avantage de fournir immédiatement les ressources nécessaires pour faire face à la situation en vue de laquelle il a été conçu.

JUGEMENTS

du Tribunal correctionnel de la Seine du 25 janvier 1868

Le tribunal,

Attendu que Fouray, gérant du journal *l'Opinion nationale*, est prévenu d'avoir, en publiant dans le numéro de ce journal du 21 décembre dernier un article intitulé : *Séance du Corps législatif*, publié un compte rendu des débats du Corps législatif autre que la reproduction des débats insérés *in extenso* dans le journal officiel ou du compte rendu rédigé sous l'autorité du président ;

Que le terrain juridique de la prévention est ainsi déterminé et limité ;

Attendu qu'aux termes de l'art. 42 de la Constitution et du sénatus-consulte du 2 février 1861, combinés, le compte rendu des séances du Corps législatif par les journaux ne consistera que dans la reproduction des débats insérés *in extenso* dans le journal officiel ou du compte rendu rédigé sous l'autorité du président ;

Qu'ainsi la publication de tout compte rendu autre est interdite ;

Attendu qu'il appartient au Tribunal, en se conformant à l'esprit des articles précités, déposé dans le préambule de la Constitution, la circulaire de M. le garde des sceaux et le rapport de M. le président du Sénat, d'apprécier l'article incriminé et de déclarer s'il constitue un compte rendu des débats législatifs;

Que toute contravention aux dispositions desdits articles est punie par l'art. 14 du décret du 17 février 1852 ;

Attendu que, dans l'article du journal *l'Opinion nationale* retenu par la prévention, l'auteur rend compte des débats du Corps législatif, pendant la séance qu'il date, en faisant connaître l'impression produite sur les membres de l'assemblée par le discours de M. Jérôme David ;

Que, dès lors, en publiant ledit article, Fouray a commis la contravention, etc., etc. :

Le condamne en 1,000 fr. d'amende et aux dépens. »

La durée de la contrainte par corps a été fixée à six mois pour tous les condamnés.

Le Tribunal,

Attendu que Peyrat, gérant du journal *l'Avenir national*, est prévenu d'avoir, en publiant dans le numéro de ce journal du 21 décembre 1867 un article intitulé : *Le projet de loi militaire*, publié un compte rendu des débats du Corps législatif autre que la reproduction des débats insérés *in extenso* dans le journal officiel ou du compte rendu rédigé sous l'autorité du président;

Que le terrain juridique de la prévention est ainsi déterminé et limité;

Attendu qu'aux termes de l'article 42 de la Constitution et du sénatus-consulte du 2 février 1861, combinés, le compte rendu des séances du Corps législatif par les journaux ne consistera que dans la reproduction des débats insérés *in extenso* dans le journal officiel ou du compte rendu rédigé sous l'autorité du président;

Qu'ainsi la publication de tout compte rendu autre est interdite ;

Attendu qu'il appartient au Tribunal, en se conformant à l'esprit des articles précités, déposé dans le préambule de la Constitution, dans la circulaire de M. le garde des sceaux et dans le rapport de M. le président du Sénat, d'apprécier l'article incriminé et de déclarer s'il constitue un compte rendu des débats législatifs :

Que toute contravention aux dispositions desdits articles est punie par l'article 14 du décret du 17 février 1852 ;

Attendu que, dans l'article du journal *l'Avenir national* retenu par la prévention, l'auteur rend compte des débats du Corps législatif dans la séance qu'il date, en reproduisant textuellement deux parties du discours prononcé par M. Jules Simon ;

Que, dès lors, en publiant ledit article, Peyrat a commis la contravention, etc., etc. :

Le condamne en 1,000 francs d'amende et aux dépens.

Le Tribunal,

Attendu que Weiss, gérant du *Journal de Paris*, est prévenu d'avoir, en publiant dans le numéro de ce journal du 23 décembre 1867 un article commençant par ces mots : « La discussion de la loi, » et finissant par ceux-ci : « Il a été conçu, » publié un compte rendu des débats du Corps législatif autre que la reproduction des débats insérés *in extenso* dans le journal officiel ou du compte rendu publié sous l'autorité du président ;

Que le terrain juridique de la prévention est ainsi déterminé et limité ;

Attendu qu'aux termes de l'article 42 de la Constitution et du sénatus-consulte du 2 février 1861, combinés, le compte rendu des séances du Corps législatif par les journaux ne consistera que dans la reproduction des débats insérés *in extenso* dans le journal officiel ou du compte rendu rédigé sous l'autorité du président;

Qu'ainsi la publication de tout compte rendu autre est interdite;

Attendu qu'il appartient au Tribunal, en se conformant à l'esprit des articles précités, déposé dans le préambule de la Constitution, la circulaire de M. le garde des sceaux et le rapport de M. le président du Sénat, d'apprécier l'article incriminé et de déclarer s'il constitue un compte rendu des débats du Corps législatif;

Que toute contravention aux dispositions desdits articles est punie par l'article 14 du décret du 17 février 1852 ;

Attendu que, dans l'article du *Journal de Paris* retenu par la prévention, l'auteur rend compte des débats du Corps législatif, dans la séance dont il donne la date, en faisant connaître qu'il arrive à la partie du discours de M. Gressier qui a ému la Chambre, qui a provoqué plusieurs interruptions sur les bancs de la gauche, du centre gauche et même de la majorité, et qui, enfin, décide M. Rouher à rompre le silence; qu'il accentue son compte rendu en décrivant l'incident, en citant textuellement une partie du discours de M. Gressier et en déclarant l'effet produit par ce discours sur l'assemblée; .

Que, dès lors, en publiant ledit article, Weiss a commis la contravention prévue et punie, etc., etc. :

Le condamne en 1,000 francs d'amende et aux dépens.

ARRÊTS

de la Cour impériale de Paris du 5 avril 1868

« La Cour,

« Statuant sur l'appel interjeté par Fouray du jugement du tribunal correctionnel de la Seine du 25 janvier 1868 :

(Le point de droit comme à l'arrêt Peyrat.)

« Considérant que Fouray a publié, à Paris, dans le numéro du 21 décembre 1867 du journal *l'Opinion nationale*, dont il est le gérant, un article intitulé : *Séance du Corps législatif*, commençant par ces mots : « La discussion du projet de loi, » et finissant par ceux-ci : « ... Le caractère « d'une improvisation ; »

« Considérant que l'auteur de cet article annonce que la discussion du projet de loi sur l'armée a commencé le 19 décembre au Corps législatif ; qu'il fait connaître que M. Jules Simon, dont il analyse le discours, a ouvert la discussion et qu'à M. Jules Simon a succédé M. Jérôme David, dont le discours est également résumé ; que l'écrivain termine en rapportant les parties principales du discours de M. Latour du Moulin qui a clos la séance ; qu'il place ainsi par l'analyse sous les yeux de ses lecteurs les trois discours qui ont rempli cette séance ;

« Considérant que les appréciations qui se mêlent au récit des faits n'empêchent pas que l'article ne rende compte au lecteur, selon les impressions de l'écrivain, de ce qui s'est passé au Corps législatif ; que la narration particulière au journaliste est donc venue remplacer le récit officiel qui, d'après le vœu de la loi, peut seul faire connaître la vérité des faits ;

« Qu'ainsi Fouray a contrevenu aux dispositions de l'article 14 du décret du 17 février 1852 ;

« Adoptant au surplus les motifs qui ont déterminé les premiers juges en ce qu'ils n'ont pas de contraire aux considérants qui précèdent :

« Met l'appellation au néant ; ordonne que le jugement dont est appel sortira son plein et entier effet ;

« Condamne Fouray aux dépens. »

« La Cour,

Statuant sur l'appel interjeté par Peyrat du jugement du tribunal correctionnel de la Seine du 25 janvier 1868 :

« Considérant que la loi du 25 mars 1822 prévoit et punit, par son art. 7, l'infidélité, la mauvaise foi ou l'outrage dans les comptes rendus que les journaux rendent des séances des chambres ;

« Que ces dispositions n'ont pas paru suffisantes au législateur ; que l'art. 42 de la constitution du 14 janvier 1852 a statué que le compte rendu des séances du Corps législatif ne consisterait que dans la reproduction du procès-verbal dressé par le président du Corps législatif ;

« Que des modifications à cet article furent apportées par le sénatus-consulte du 2 décembre 1852 et principalement par le sénatus-consulte du 2 février 1861 ;

« Qu'aux termes de ce dernier sénatus-consulte, les débats des séances du Sénat et du Corps législatif sont reproduits par la sténographie et insérés *in extenso* dans le journal officiel du lendemain ;

« Qu'en outre, les comptes rendus de ces séances, rédigés par les secrétaires-rédacteurs placés sous l'autorité du président, sont mis chaque soir à la disposition de tous les journaux ;

« Que le sénatus-consulte du 2 février 1861, reproduisant les dispositions de la Constitution prescrit que le compte rendu des séances du Sénat et du Corps législatif par les journaux ne consistera que dans la reproduction des débats insérés *in extenso* dans le journal officiel ou du compte rendu rédigé par les secrétaires-rédacteurs ;

« Que cette disposition impérative trouve sa sanction dans l'art. 14 du décret organique sur la presse du 17 février 1852 ;

« Considérant que cet ensemble de prescriptions a eu pour objet de faire disparaître les comptes rendus qui, sans aller jusqu'à l'infidélité, la mauvaise foi ou l'outrage, étaient cependant dénigrants et satiriques, ou louangeurs sans mesure, et *dénaturaient* ainsi aux yeux du pays la vérité des débats des assemblées législatives ;

« Qu'il est reconnu tout à la fois que ces dispositions ne mettent point obstacle à la discussion et à l'appréciation par les journaux des débats des chambres législatives, mais que ce droit de discussion et d'appréciation doit se concilier avec la défense absolue de publier un compte rendu des séances du Sénat ou du Corps législatif qui ne serait pas, soit le compte rendu *in extenso*, soit le compte rendu analytique ;

« Que le sénatus-consulte du 2 février 1861 n'a pas voulu seulement proscrire les comptes rendus infidèles, de mauvaise foi, ou contenant des outrages ; qu'en effet les dispositions de la loi du 25 mars 1822, toujours en vigueur, suffiraient pour atteindre ce résultat ; que le sénatus-consulte a eu pour but de prohiber ces comptes rendus qui tendraient à se substituer aux comptes rendus officiels et qui, sans infidélité, sans mauvaise foi et sans outrage, ne présenteraient cependant qu'une reproduction incomplète, défigurée, subordonnée aux opinions du journaliste, des débats des assemblées législatives ;

« Que la mission donnée aux tribunaux chargés d'appliquer les lois et de déterminer, en vue de chaque fait, si l'article incriminé n'a reproduit les débats des chambres que pour les nécessités de la discussion, ou si, au contraire, l'article présente une narration des faits qui se sont passés aux assemblées législatives, assez étendue pour être l'équivalent du compte rendu prohibé par la loi.

« Considérant que Peyrat a publié à Paris, dans le n° du 21 décembre 1867 du journal *l'Avenir national,* dont il est le gérant, un article intitulé : *Le projet de la loi militaire,* commençant par ces mots : « La chambre était hier... » et finissant par ceux-ci : « dans le débat qui vient de commencer » ;

« Considérant que l'auteur de cet article énonce que le 19 décembre 1867 le Corps législatif était au complet ; que M. Jules Simon a ouvert la discussion par un discours dont il met en relief le sens général et les parties principales ; qu'un paragraphe de ce discours est même reproduit en entier ; qu'après M. Jules Simon, le rédacteur fait paraître à la tribune M. Jérôme David, puis M. Latour du Moulin ; qu'il indique les arguments développés par ces orateurs ; qu'il rapporte aussi, en les résumant, les trois discours prononcés dans cette séance ;

« Considérant que l'article incriminé présente donc le récit des faits qui se sont passés au Corps législatif ; que ce récit, qui est à peine entremêlé de discussions, pouvait paraître suffisant au lecteur pour lui faire connaître la séance du Corps législatif et le dispenser de recourir au compte rendu officiel ; que le journaliste substitue à la vérité entière qu'offre ce compte rendu officiel une narration qui lui est personnelle et n'est que la reproduction arbitraire des débats du Corps législatif ;

« Que la contravention prévue par l'art. 14 du décret du 17 février 1852 est donc prouvée ;

« Adoptant, au surplus, les motifs qui ont déterminé les premiers juges en ce qu'ils n'ont pas de contraire aux considérants qui précèdent :

« Met l'appellation au néant ;

« Ordonne que le jugement dont est appel sortira son plein et entier effet ;

« Condamne Peyrat aux dépens. »

« La Cour,

« Statuant sur l'appel interjeté par Weiss du jugement du tribunal correctionnel de la Seine du 25 janvier 1868 :

(Le point de droit comme à l'arrêt Peyrat.)

« Considérant que Weiss a publié, à Paris, dans le numéro du 23 décembre 1867 du *Journal de Paris*, dont il est le gérant, un article commençant par ces mots : La discussion de la loi sur l'armée, » et finissant par ceux-ci : « ... en vue de laquelle il a été conçu » ;

« Considérant que cet article reproduit successivement toutes les phases des débats qui ont eu lieu le 21 décembre 1867 au Corps législatif dans la discussion de la loi sur l'armée : cette discussion, dit l'écrivain, a pris une tournure tout à fait inattendue par le discours de M. Gressier, dont il fait connaître les parties principales ; il ajoute que ce discours a appelé M. le ministre d'État à la tribune pour y faire d'importantes déclarations ; il rend compte de la nature de ces déclarations ; puis il indique brièvement le sens de deux discours prononcés par MM. Ernest Picard et Magnin, et termine en annonçant que la clôture de la discussion générale a été prononcée ;

« Considérant que ce récit, ce résumé des faits qui ont marqué cette séance, ont pour but d'en reproduire la physionomie telle qu'elle apparaît au rédacteur, et de remplacer, pour ses lecteurs, le compte rendu officiel ; que les appréciations qui sont mêlées au récit ne lui enlèvent pas son caractère, et que c'est une copie défigurée qui se substitue au tableau original que présente le compte rendu officiel ;

« Que l'infraction prévue par l'article 14 du décret du 17 février 1852 est donc prouvée ;

« Adoptant d'ailleurs les motifs qui ont déterminé les premiers juges en ce qu'ils n'ont pas de contraire aux considérants qui précèdent :

« Met l'appellation au néant ; ordonne que le jugement dont est appel sortira son entier effet ;

« Condamne Weiss aux dépens. »

Paris. — Imp. de P.-A. BOURDIER, CAPIOMONT fils et Cie, 6, rue des Poitevins.

www.ingramcontent.com/pod-product-compliance
Lightning Source LLC
Chambersburg PA
CBHW061716060726
47597CB00006B/2406